문재인 대통령 이야기

문재인 대통령 이야기

초판	2017년 6월 21일 1쇄 발행
글	홍승록
그림	박경민
발행	임창섭
출판	와우라이프
디자인	출판iN
등록	2009년 12월 8일 제406-2009-000095호
주소	서울 마포구 성미산로 165-1(연남동, 유일빌딩 3층)
전화	02)334-3693 팩스 02)334-3694
e-mail	limca1972@hanmail.net
ISBN	979-11-87847-01-4 73810
가격	9,000원

이 도서의 국립중앙도서관 출판예정도서목록(CIP)은 서지정보유통지원시스템 홈페이지(http://seoji.nl.go.kr)와 국가자료공동목록시스템(http://www.nl.go.kr/kolisnet)에서 이용하실 수 있습니다.(CIP제어번호: CIP2017013963)

 어린이를 위한 특별한 선물

문재인 대통령 이야기

글 홍승록 | 그림 박경민

차례

가난이 준 선물 ···6

천재를 뛰어넘은 노력 ···14

모든 사람의 존경을 받는 정의감 ···20

먼저 들어주는 경청 ···28

역경을 이겨내는 용기 ···34

나와 다른 사람도 함께하는 포용력 ···42

모두 하나가 된 날 ···50

가난이 준
선물

"아빠. '문재인 대통령 당선'이라고 나왔어요!"
정우가 거실에 있는 티브이를 보며 아빠에게 소리쳤다.

"오! 그래? 놀랍구나."
아빠는 달려오는 정우를 두 팔로 감싸 안으며 말했다.

사실 정우의 아빠는 전날부터 이미 문재인 후보가 당선될 거라고 예상했었다. 하지만 정우를 위해 일부러 놀란 척한 것이다.

"저를 지지하지 않던 분들도 섬기는 대통령이 되겠습니다."

　문재인 대통령은 광화문광장에서 국민 모두의 대통령이 되겠다고 선언했다. 광화문광장은 그동안 국민의 몸과 마음이 모였던 곳이다. 문재인 대통령은 국민과 보다 더 가까이 하기 위해 광화문광장을 자주 찾았으며 앞으로도 그럴 것이라고 한다.

　"존경하고 사랑하는 국민 여러분, 국민의 간절한 소망과 염원을 절대 잊지 않겠습니다. 정의가 바로 서는 나라, 원칙을 지키고 국민이 이기는 나라, 상식이 상식으로 통하는 나라다운 나라를 꼭 만들겠습니다."

문재인 대통령은 차분하면서도 힘차게 대통령으로서의 국민과의 약속을 선언했다.

'역시 문재인 대통령이 많은 표를 받은 이유가 있었어.'

정우는 문재인 대통령을 보면서 순간 자신도 모르게 대통령이 되는 상상을 해 보았다.
"저와 다퉜던 사람, 저와 싸웠던 사람, 이 순간부터 모두 잊고 용서하겠습니다. 저는 여러분 모두의 이야기에 귀 기울이는 대통령이 되겠습니다."

그리고 그런 상상을 하는 동안 정우는 번번이 회장 선거에서 떨어졌던 자신이 왜 회장이 되지 못했는지 어렴풋이 알 것 같았다.

'어떻게 하면 나도 당선될 수 있을까?'

정우는 학교로 가는 동안에도 계속 그런 생각을 하며 걸었다.

선생님이 아이들에게 새로운 대통령의 당선 소식을 이야기했다.

"여러분. 이제 우리나라의 대통령이 누구인지 알아요?"

"네! 문재인이요."
아이들이 이구동성으로 길게 외쳤지만, 아이들의 표정은 선생님의 질문이 너무나 쉽다는 표정이었다.

그런 아이들에게 이번엔 선생님이 다른 질문을 했다.

"여러분 모두 문재인 대통령에 대해서 알고 있나요? 우리나라 대통령이 어떻게 자라 왔고, 어떻게 대통령이 되었는지 궁금하지 않아요?"

이번 선생님의 질문엔 아이들이 입으로만 중얼거릴 뿐 누구도 똑 부러지게 대답하지 못했다.

'문재인 대통령은 어떻게 당선될 수 있었을까?'
아이들은 저마다 머릿속으로 자신에게 질문했다.

그때 선생님이 말을 이었다.
"문재인 대통령은 어떻게 지금처럼 자신의 꿈을 이룰 수 있었을까요?"

"몰라요!"
장난꾸러기 창아가 대답하자 아이들이 웃음을 터트렸다.

사실 선생님의 질문은 아이들이 무엇이라고 답하기엔 어려운 질문이었다. 선생님은 교실에 들어오기 전에 아이들이 모여 대통령이 누가 될 지에 대해 얘기를 주고받는 모습을 한동안 보았었다. 아이들의 대화가 선생님이 초등학교를 다니던 시절에 비해 무척 어른스럽다는 생각을 했었고, 이번 문재인 대통령 당선을 통해 아이들이 무언가 배울 수 있는 계기가 되었으면 좋겠다는 생각을 하고 있었다.

"모두 내일까지 문재인 대통령은 어떤 장점을 가지고 있는지 함께 찾아볼까요?"

"아! 오늘 알려주세요."
교실 곳곳에서 아이들이 선생님에게 조르는 목소리를 내자, 선생님은 빙그레 웃으며 아이들에게 이야기를 하나 들려주었다.

"문재인 대통령의 집은 매우 가난했었다고 해요. 북한에서 피난 내려온 아버지는 거제도 포로수용소에서 일했지만, 돈을 많이 받지 못 했어요. 그렇기 때문에 어머니가 계란을 머리에 이고 다니며 팔아서 겨우겨우 온 가족이 먹고 살 수 있었어요."

"어우."
아이들은 자신도 모르게 안타까운 마음에 소리를 냈다.

"문재인 대통령이 태어날 당시에도 남의 집에서 셋방살이를 했기 때문에 주인의 눈치를 보느라 다른 집으로 가서 출산했다고 해요. 그리고 초등학교에 다니던 시절에는 학교 바로 위에 있던 성당에서 양동이를 들고 줄을 서서 밥을 타 먹어야 했다고 해요. 그때 문재인 대통령은 자신을 이유 없이 도와주는 수녀들의 모습에 감동하여 천주교에서 세례를 받기도 했죠."

아이들은 대통령이 자신과 비슷한 나이에 밥을 먹기 위해 양동이를 들고 서 있는 모습이 쉽게 상상이 되지 않았다.

"한번은 학교에서 도시락을 못 싸 오는 학생들에게 풀죽을 나누어 주었는데, 문재인 대통령은 그 풀죽을 받을 그릇이 없어 친구의 도시락 뚜껑을 빌려 풀죽을 받아 왔다고 해요."

'우리나라 대통령이 가난한 어린 시절이 있었다니……'
선생님의 말씀에 모두 놀랐는지 교실 안은 순간 조용해졌다. 선생님은 계속 차분하게 이야기했다.

"문재인 대통령의 어린 시절 학생기록부에는 이렇게 적혀 있어요. '가난한 가정 사정으로 환경이 좋지 못하지만, 자력으로 잘해 나가고 있음. 계속 노력하도록 격려함.', '노력으로 성적이 우수하다.'라고요."

"결국은 노력하면 된다는 얘기잖아요."
준호가 말했다.

준호는 사실 그동안 문재인 대통령이 아닌 다른 후보를 지지하고 있었다. 아직은 정치인에 대해서 누가 어떤 사람인지 잘 모르지만, 어려서부터 할머니 손에서 자란 준호는 그냥 할머니가 좋아하는 다른 후보가 자신에게도 좋은 후보였다.

선생님은 퉁명스런 얼굴의 준호를 바라보고 살짝 미소를 지었다.

"네. 맞아요. 문재인 대통령의 어린 시절과 대통령이 된 현재를 이어주는 말은 바로 '노력'이에요. 2012년 대통령 선거에서 당선되지 않았지만, 지금 대통령이 된 것 또한 부단한 노력과 용기가 있었기 때문이에요. 만약 그때 문재인 대통령이 가난한 환경을 탓하며 아무것도 하지 않았다면 지금처럼 대통령이 될 수 있었을까요?"

"아니요!"
아이들이 한목소리로 답했다.

"문재인 대통령은 어린 시절 가난에 대해 '자립심과 독립심을 키우는 데 많은 도움이 됐다고 생각한다. 가난이 내게 준 선물이다.'라고 말했어요. 이처럼 문재인 대통령은 가난으로부터 바로 '자립심과 독립심'이라는 선물을 스스로 발견했어요."

"오!"
교실 곳곳에서 작은 탄성들이 메아리처럼 울려 퍼졌다.

"자, 이제 그럼 여러분은 문재인 대통령을 통해 여러분 스스로에게 줄 수 있는 선물을 찾아보세요."

천재를 뛰어넘는 노력

　'선생님의 말씀처럼 노력하면 문재인 대통령처럼 훌륭한 사람이 될 수 있는 걸까?'

　늘 무슨 일을 하든 중간에 포기하고 말았던 동규에게는 그 말이 쉽게 와 닿지 않았다. 동규는 자신이 남보다 뒤처지는 이유가 작은 키 때문이라고 생각했었다.

　동규는 인터넷 검색을 통해 노력으로 성공한 사람들을 찾아보았다.

　'세계적인 발레리나 강수진의 발을 보니 도대체 사람의 발이라고는 믿어지지 않을 만큼 어마어마한 굳은살이 박여 있었다.'

 '평발이었던 박지성 선수는 자신의 신체적 단점을 아랑곳하지 않고 프리미어리거가 되어 세계 곳곳의 축구장을 누비는 슈퍼스타가 되었다.'

 '미국의 대통령이었던 오바마는 흑인에 대한 인종차별을 극복하고 세계인의 존경을 받는 대통령이 되었다.'

 동규는 검색을 하는 동안 선생님의 말씀처럼 자신이 처한 환경을 극복하고 노력으로 위인이 된 사람들이 많다는 걸 깨달았다. 동규가 찾은 사람이 아니더라도 그 어떤 위인이라도 어려움을 이겨내는 노력을 하지 않은 사람은 없었다.

　동규는 문재인 대통령처럼 노력을 통해 성공한 사람들의 이야기를 아이들에게 들려주었다. 동규의 발표가 끝날 때까지 조용히 듣던 아이들은 발표가 끝나자마자 크게 박수를 쳤다.

　'맞아. 아무리 재능이 뛰어난 사람도 노력하는 사람을 이길 수 없다고 했어.'

　아이들은 동규의 이야기를 들으며 저마다 머릿속으로 생각했다.

　"우리 동규가 정말 발표를 잘해 주었어요."
　선생님이 동규를 칭찬해 주었다.

　"문재인 대통령은 어른이 되어서도 커다란 장벽에 끊임없이 부딪히게 돼요. 하지만 한계를 느끼고 주저앉는 대신 그 장벽을 뛰어넘기 위해 지금보다 더 열심히 노력했어요. 그래서 지금의 대통령이 될 수 있었던 거죠."
　아이들이 고개를 끄덕이자 선생님은 계속 말을 이었다.

"여러분은 문재인 대통령이 대학교 입학시험에서 떨어진 적이 있다는 사실을 알고 있나요?"

"네? 문재인 대통령이 대학교에 떨어졌다고요?"
아이들은 놀라 금세 웅성거렸다.

"문재인 대통령도 대학에 떨어지고 좌절한 적이 있답니다. 하지만 다시 마음을 잡은 문재인 대통령은 다음 해 경희대학교 법학과에 4년 전액 장학금을 받고 입학을 하게 되죠. 대학 시절에도 민주주의를 지키기 위한 학생운동을 하다가 결국 구속되어 그만 구치소에 갇히게 돼요. 좌절에서 다시 희망을 찾은 문재인 대통령에게 또다시 시련이 찾아온 거죠. 평범한 사람 같으면 장학금을 받으며 편하게 대학교 생활을 즐겼을 텐데, 정의로운 문재인 대통령은 그럴 수 없었어요. 문재인 대통령은 군대를 갔다 온 뒤에도 전두환 군사정권에 맞서 싸우다가 구치소에 갇히게 되죠. 하지만 그 와중에도 자신의 뜻을 굽히지도 꿈을 잃지도 않고 열심히 공부해서 당당히 사법시험에 합격했답니다."

"와. 정말 대단하다."
아이들은 선생님의 말이 믿기지 않을 정도로 놀라웠다.

"여러분은 무슨 일을 할 때 '더는 못 하겠어.'라고 생각하면서 포기한 적이 없었나요?"

발표를 마치고 돌아온 동규는 선생님의 질문에 조금 전 선생님의 칭찬에 들떴던 마음이 다시 무겁게 가라앉았다.

동규는 그 순간 기억을 떠올리며 '수영은 추워서 못 하겠다.', '태권도는 힘들어서 못 하겠다.' 늘 '이러이러해서 못 하겠다.'라고 말하던 자신을 발견할 수 있었다.

물론 그런 생각을 하는 건 동규 혼자만은 아니었다. 다른 아이들

도 늘 변명을 하며 스스로의 한계를 극복하지 않고 포기했던 스스로의 모습을 떠올리면서 마음속으로 맹세했다.

'앞으로는 반드시 쉽게 포기하지 않을 거야. 반드시 문재인 대통령처럼 노력해서 끝까지 해낼 거야.'

동규가 찾은 선물
'노력'

모든 사람의 존경을 받는
정의감

 이번엔 회장 지이의 발표가 있었다. 지이는 박근혜 대통령의 탄핵을 지지하는 촛불 집회가 광화문에서 열렸을 때 아빠의 손을 붙잡고 직접 광화문 광장으로 나갔다 온 경험이 있었다.

 "저는 문재인 대통령이 정의감이 있었기 때문에 많은 국민의 지지를 받을 수 있었다고 생각합니다. 문재인 대통령은 노무현 전 대통령과 더불어 인권변호사로 활동했으며, 지난 군부독재와 잘못된 정부의 끝없는 탄압 속에서도 그 뜻을 굽히지 않았습니다. 또한 최근 박근혜 대통령의 탄핵을 촉구하는 촛불집회에 앞장서서 참여했습니다."

지이의 발표를 들은 선생님은 새삼 놀라지 않을 수 없었다. 평소 학급회장이고 공부도 늘 잘하는 지이였지만 아직 초등학생인 아이의 발표라고 여기기에는 마치 어른 같은 말투로 이야기하고 있었다.

'아 이번 탄핵과 새로운 대통령의 당선을 계기로 국민의 정치에 대한 관심이 커진 것뿐만 아니라 아이들의 정치를 보는 눈도 무척 높아졌구나.'

선생님은 예전 또래의 아이들을 가르칠 때보다 정치에 대한 생각이 더 깊어진 아이들에게 흠칫 놀라고 있었다. 그리고 조용히 지이의 옆자리에서 자신의 발표를 준비하던 정우도 속으로 이런 생각을 했다.

'아, 나는 회장 선거에서 지이에게 지고 말았는데, 이번 지이의 발표도 선생님이 무척 만족하시는 표정이야. 지이는 도대체 왜 나보다 친한 아이들도 많고 아는 것도 많은 것일까? 나는 지이보다 잘할 수 없을까?'

정우가 지이에 대한 생각에 깊이 잠겨 있을 때, 현서가 선생님께 질문했다.

"선생님. 군부독재가 뭐예요?"

수업시간에 늘 조용했던 현서가 무척이나 궁금했었는지 힘껏 손을 들고 질문했다. 사실 이 군부독재란 말은 아이들이 자주 듣기도 하지만 그 뜻을 정확히 말할 수는 없는 말이었다.

"군부독재는 한 나라나 지방의 군사력을 통솔하는 군인 출신 지도자나 군인이 무력으로써 정권을 잡아 독재를 하는 형태를 말해요. 이들은 주로 전쟁 전후나 천재지변 등 나라가 혼란스러운 틈을 타서 사회를 수습하겠다는 구실로 등장해요. 우리나라의 경우 박정희 대통령이 바로 그런 예에요."

"저 알아요. 박근혜 대통령의 아버지요."
평소 정치 이야기라면 누구보다 열을 내며 이야기하는 창아가 큰 소리로 외쳤다.

"맞아요. 박근혜 전 대통령의 아버지에요. 당시 박정희 대통령은 경제를 발전시키기 위해 노력한 면도 있었지만, 민주주의 그러니까 국민이 주인이 되는 나라를 만드는 일에는 관심이 없었죠. 그리고 대통령을 할 수 있는 기간도 연장하려고 하다가, 끝내 부하의 총탄을 맞고 죽음을 맞이하죠. 그리고 박정희 대통령의 암살사건을 수사하던 전두환 장군이 다시 무력으로 정권을 잡고 대통령이 되었죠."

"와……, 나쁘다. 진짜."

아이들의 탄성이 쏟아졌다. 선생님은 계속 말을 이어갔다.

"맞아요. 그것은 옳지 못한 행동이었어요. 그래서 문재인 대통령을 비롯하여 많은 사람이 독재를 반대하는 민주화운동을 했어요. 문재인 대통령은 학생 때 민주화운동을 했다는 이유로 사법시험에 합격하고 사법연수원 성적도 우수했지만, 판사나 검사 같은 공직을 선택할 수도 없었지요."

"왜 그런데 문재인 대통령은 자신에게 도움이 되지 않는 민주화운동을 한 거예요?"
아이들이 궁금한 듯 물었다.

"그건 바로 문재인 대통령이 정의감과 희생정신을 가지고 있었기에 가능했을 거예요."

선생님은 문재인 대통령의 또 다른 일화를 아이들에게 들려주었다.
"예전에 네팔에서 지진이 났을 때의 일이에요. 문재인 대통령은 비행기를 타고 네팔로 건너갔죠. 네팔에서 산으로 들어가는 여행자들의 입산신청을 받은 네팔인은 깜짝 놀랐어요. 한국의 유명 정치인인 문재인이란 이름이 있었기 때문이죠. 물론 그 당시는 대통령에 당선되기 전이죠. 네팔의 언론들도 관심을 보였고 문재인 대통령을 만나고 싶어 했지만, 문재인 대통령은 개인 일정이라면서 네팔 언론과

정부 사람들을 따로 만나지 않았어요. 왜 그랬을까요?"

"모르겠어요!"
창아는 모른다는 것이 자랑도 아닌데 아주 큰 소리로 대답했다.

"문재인 대통령의 12박 13일은 지진 피해지역을 방문하고 그들을 구호하는 게 목적이었기 때문에 오직 그 목적에만 충실하려 했던 거예요. 문재인 대통령은 지진 지역을 방문하여 눈사태와 산사태로 문

혀 벌판이 된 마을에 다다르게 되었어요. 그때 문재인 대통령은 네팔인으로부터 땅속에 아직 수많은 주민과 외국인 여행자 그리고 군인 등 모두 250여 명이나 묻혀 있다는 말을 듣게 됐죠. 문재인 대통령은 그 말을 듣고 눈물을 흘렸어요. 자신의 나라도 아닌 다른 나라에 와서 구호를 하고 함께 슬퍼하는 문재인 대통령의 모습에 네팔인은 큰 감동을 받았죠. 그리고 그곳에 있는 동안 문재인 대통령은 늘 자신의 옷을 직접 손으로 빨래하면서 매일 네팔의 피해복구를 위해서 쉬지 않고 일을 했답니다."

순간 아이들은 문재인 대통령이 빨래하는 모습을 상상하면서 미소를 지었다.

"문재인 대통령은 또 학용품과 과자를 사 들고 고아원을 찾아서 아이들에게 웃음과 행복을 선물하기도 했죠. 그 모습을 본 네팔인은 '이런 분이 대통령이 된다면 한국인들은 얼마나 좋을까?'라고 생각했답니다."

"아……."
아이들은 저마다 우리나라의 대통령이 다른 나라 사람이 부러워하는 대통령이라고 생각하니 순간 가슴이 뿌듯해졌다.

"그리고 우리나라에 세월호 침몰 사건이 있었을 때도 문재인 대통령은 안타까운 학생들의 죽음을 애도하며 '잊지 않겠다. 사람이 먼저인 나라를 꼭 만들겠다.'라는 말을 하며 유가족을 위로하고 함께 슬퍼했답니다."

"자기한테 도움이 되는 일이기에 한다면 그것은 정의롭지 못할 거예요. 또 누군가가 알아주길 바라는 마음에서 한다면 그 또한 정의롭지 못할 거예요. 누군가 알아주지 않아도 자신을 희생하며 남을 도울 수 있는 마음만이 진정 모든 사람에게 존경을 받을 수 있는 정의라고 할 수 있어요."

지이가 찾은 선물
'정의감'

먼저 들어주는 경청

이번엔 평소에 말을 잘 더듬는 재욱이가 발표했다.

"저…… 저는…… 그러니까…… 지…… 지난번에…… 티브이 토론을 보고, 문…… 문재인 대통령의 다……, 당선 비…… 비결은 나…… 남의 말을 자…… 잘 들어주는 데, 있…… 있지 않나 생…… 생각했습니다."

발표할 때마다 아이들의 놀림을 받기 일쑤였기에 아예 발표를 안 하기로 마음먹었던 재욱이가 용기를 내어 참여했다.

재욱이는 평소 무슨 말을 할 때마다 말을 더듬어 다른 사람보다 이야기하는 데 시간이 오래 걸렸기 때문에 다른 아이들이 중간에 말을 끊기에 바빴다. 그리고 일이 반복되면 될수록 재욱이는 자신감을 잃어 더욱 말하기가 힘들어졌다.
 그런 재욱이가 가장 좋아하는 사람은 바로 자신의 말을 끝까지 차분하게 들어주는 사람이었다.
 재욱이는 문재인 대통령을 통해서 그런 점을 발견했다. 다른 사람의 질문을 차분히 듣고 또 차근차근 대답하는 문재인 대통령의 태도야말로 재욱이가 꿈꾸던 그런 모습이었다.

 재욱이의 발표가 끝나고 지켜보던 선생님이 말씀하셨다.
 "문재인 대통령을 아는 사람들은 문재인 대통령이 말하는 시간보다 듣는 시간이 길다고 해요. 선생님이 티브이 대선 토론에서 본 모습도 그러했어요. 다른 후보들이 자신을 공격하는 발언을 하거나 화나게 하는 발언을 할 때도 문재인 대통령의 반응은 '이보세요.'가 다였지요. 문재인 대통령은 그렇게 남이 듣기 싫은 이야기를 할 때도 끝까지 경청했고, 화내지 않고 자신의 의견을 정확하게 펼쳤어요. 아마 그런 모습이 선거에서 이기는 데 큰 도움이 되었다고 선생님도 생각해요."

 선생님의 말씀에 아이들의 웃음보가 터졌다. 화났을 때 하는 말이 '이보세요.'가 다란 말이 아이들에겐 재밌었던 것이다. 그리고 그때 장난꾸러기 창아의 문재인 대통령 성대모사가 바로 나왔다.

 "이보세요."
 창아의 성대모사에 교실은 더 웃음바다가 되었다.

"재욱이의 말처럼 남의 이야기를 잘 들어주는 것은 매우 중요한 일이에요. 우리는 그것을 경청이라고 해요. 사람은 깨어 있는 시간의 70퍼센트를 의사소통에 사용한다고 해요. 그중에 절반에 가까운 48퍼센트가 듣기, 35퍼센트가 말하기, 1퍼센트가 쓰기 그리고 기타 9퍼센트예요. 듣기가 말하기보다 더 많은 비중을 차지하지요. 우리의 의사소통을 완성시켜주는 것은 바로 여러분들이 가진 '귀'인 거예요."

아이들이 집중하는 모습에 선생님은 이야기 하나를 더 들려주었다.

"세계적으로 유명한 제약회사 화이자의 경영자인 제프 킨들러라는 사람이 있어요. 그는 매일 1센트짜리 동전 10개를 준비해요. 그리고 동전 10개를 그의 왼쪽 주머니 속으로 넣습니다. 그는 사람들과 대화하면서 제대로 경청한 것으로 판단되면 왼쪽 주머니에 있던 동전 하나를 오른쪽으로 옮깁니다. 그렇게 해서 10개의 동전이 모두 오른쪽 주머니를 옮겨지면 그날의 경청은 성공했다고 생각하며 스스로에게 100점을 준다고 해요."

그때 장난꾸러기 창아가 선생님에게 짓궂은 질문을 했다.

"선생님 동전을 10개나 가지고 다니면 주머니에서 소리가 나서 경청을 못 할 것 같은데요. 또 무거워서 주머니가 터져버릴지도 모르고요."

"와하하하."
아이들이 모두 웃음을 터트렸다.

선생님도 아이들과 같이 미소를 지었지만 이내 다시 진지하게 말씀하셨다.

"경청을 실천하는 방법은 각자가 다를 수 있어요. 하지만 그 경청의 효과는 모두에게 똑같이 나타날 거예요. 다른 사람들이 여러분을 좋아하게 되는 방법도, 여러분이 보다 더 많은 지식을 얻고 말할 수 있는 방법도 그 시작은 바로 '경청'이에요."

"우리가 문재인 대통령 이야기를 할 때 빼어놓을 수 없는 인물이 한 명 더 있어요. 누구일까요?"

"노무현 대통령이요."

"그래. 맞아요. 문재인 대통령과 노무현 전 대통령은 오랜 친구로 알려져 있어요. 그런데 사실은 노무현 전 대통령이 문재인 대통령보

다 나이가 많고 사법시험도 먼저 합격한 선배였어요. 하지만 노무현 전 대통령은 자신을 도와주는 문재인 대통령에 대한 고마움의 표시로 친구라고 호칭을 했대요. 두 분은 변호사 시절 같은 인권변호사로서 활약했고, 노무현 대통령 시절에는 문재인 대통령이 노무현 전 대통령을 돕는 역할을 했지요. 지금도 많은 사람의 사랑을 받는 노무현 전 대통령은 평소 말을 아주 잘하는 달변가로 유명해요. 청문회를 비롯하여 그 누구라도 '노무현 전 대통령과 말로써 이길 수 있는 사람은 없었다.'라고 할 정도였으니까요. 노무현 전 대통령에게 그런 장점이 있었다면 문재인 대통령에게는 남의 말을 잘 들어주는 바로 경청이라는 장점이 있어요."

재욱이가 찾은 선물
'경청'

역경을 이겨내는
용기

"선생님. 저요. 이번엔 제가 발표할게요."
장난꾸러기 창아가 손을 높이 들었다.

"그래. 창아야. 너 자신 있게 손을 든 거 보니까 무언가 많이 준비했나 보구나."

선생님이 창아에게 발표를 하라고 하자 창아는 어깨를 으쓱하고 "흠, 흠." 소리를 내어 목을 한 번 가다듬고 나서 입을 열었다.

"저는 문재인 대통령의 당선 비결은 위협을 무릅쓰는 용기에 있다고 생각합니다. 다른 정치인들을 보면 군대를 안 갔다 오거나 그 사람의 자식들이 군 면제를 받는 경우가 많았다고 들었습니다. 그런데 문재인 대통령은 당당하게 특전사에서 제대했다고 합니다. 이것이 야말로 문재인 대통령이 다른 후보들보다 용감한 면이며, 많은 사람으로부터 지지를 받은 이유가 아닐 수 없습니다. 우리나라 군인들이 다 문재인 대통령을 뽑았다면 그게 당선의 이유가 될 테니까요."

창아는 나름 좋은 의견을 냈다고 스스로 평가하면서 다시 고개를 좌우로 돌리며 목 운동을 하듯 으쓱댔다.

"아. 그래요. 여러분 창아는 문재인 대통령이 특전사를 나왔기 때문에 용감하고 다른 사람들로부터 지지를 받았다고 생각하네요."

선생님의 말이 끝나기가 무섭게 창아는 자신이 더 준비한 이야기를 다하기 위해 숨조차 쉬지 않고 이야기를 계속했다.

"검은색 베레모를 쓰는 육군 특전사는 유사시 적군의 지역에 침투해 정찰과 감시를 하고 군사시설을 파괴하는 무시무시한 군대입니다. 특전사 부대원들은 실내에서 불을 끈 상태에서 의자에 앉아 있는 사람 옆에 풍선을 놔두고 이것을 맞춰 터뜨리는 실탄 사격을 합니다. 조그마한 실수라도 하면 사람이 총을 맞고 다치거나 죽을 수도 있지만, 이것을 극복하고 훈련하는 부대가 바로 특전사인 것입니다."

창아는 나름 준비한 특전사에 대한 이야기를 줄줄 외워 이야기했다.

"그래요. 창아의 발표대로 우리나라의 대통령이 용감하게 군대를 다녀왔다는 것은 국민으로서 자랑스러운 일이고 용기 있는 행동이라고 선생님도 생각해요. 문재인 대통령은 특전사에서 폭파병으로 활약했으며 폭파과정 최우수 표창을 받기도 했대요."

"문재인 대통령이 특전사에 가게 된 것은 강제로 끌려간 것이라던데요."
준호가 말했다.

준호는 예전에 할머니로부터 나랏일에 반대하는 시위를 한 사람들이나 빨갱이들은 나라에서 잡아서 군대에 보내곤 했었고 문재인 대통령도 그랬다고 한 말이 떠올랐다. 준호의 할머니가 말하는 빨갱이란 말은 공산주의자를 말하는 것으로 예전에 민주화운동을 하는 사람들을 군부정권이 공산주의자로 몰아세우곤 했었다.

"와. 진짜 쟤는 왜 저래?"
창아가 준호를 노려보며 말했다.

"내가 뭘 어쨌는데?"
준호도 창아를 무섭게 쳐다보며 말했다.

아이들의 시선이 창아에게 몰리자 창아는 준호에게 한마디 더 했다.

"지난번엔 뭐, 문재인 대통령이 되면 우리나라가 없어질 거라고?"

창아는 화난 말투로 씩씩거리며 준호를 몰아세웠다. 그리고 다른 아이들도 준호가 했단 말이 황당하다는 듯 저마다 얘기를 하며 수군거렸다.

"나라가 없어진다는 게 말이 되냐?"

그러는 동안 모든 아이들의 시선은 준호에게 몰렸다. 준호는 아이들의 시선이 부담스러운 듯 자신도 모르게 고개를 약간 숙였다.

그때 선생님이 다시 아이들을 향해 말했다.

"문재인 대통령은 민주화운동을 하다가 감옥에 가게 된 적이 있어요. 그리고 감옥에서 나오자마자 문재인 대통령이 받게 된 건 바로 '입영통지서'예요. 생각하지도 않았던 군 입대에 당황할 수도 있지만 문재인 대통령은 그 또한 불행이라고 받아들이지 않았지요."

아이들은 선생님의 이야기에 다시 집중하며 조용해졌다. 그리고 선생님은 그런 아이들을 바라보며 의미 있는 말을 했다.

"문재인 대통령이 보여 준 용기는 군인이 되어서 훈련받고 나라를 지킨 모습도 있지만, 자신의 처한 상황을 굴하지 않고 받아들여 멋지게 극복한 점이 보다 더 용기 있는 행동이라고 선생님은 생각해요."

준호는 선생님의 말씀이 끝난 뒤에도 고개를 들지 못했다. 그리고 그때 문득 지난번 집에 삼촌이 놀러 왔을 때 삼촌과 할머니가 나눴던 대화를 떠올렸다.

삼촌은 과거 군사정부가 독재에 맞서 민주화운동을 한 사람을 모두 빨갱이로 몰아세웠다며 이제 더는 속지 말라고 할머니에게 얘기했었다.

'도대체 누구 말이 맞는 걸까? 그리고 그 민주화운동이라는 게 도대체 무엇을 얘기하는 거지?'

준호는 문득 모든 게 혼란스럽고 궁금했었다.

"삼촌 민주화운동이란 게 뭐야?"
준호의 방에 삼촌이 들어왔을 때 물었다.

"응. 민주화운동. 하하. 준호가 많이 컸구나. 흐흐흐. 우선 민주화운동을 설명하려면 민주주의를 알아야 하는데 말이지. 민주주의란 말 그대로 국민이 주인이라는 것이지."

"아. 그런 것 말고 좀 더 자세하게……."

"모든 권력은 국민으로부터 나온다. 바꾸어 말해 국민으로부터 나오지 않는 권력은 참된 권력이 아니라는 말씀이지."

"국민으로부터 나오지 않는 권력?"

"그래. 특정한 누군가 또는 특정한 집단이 가진 그런 권력은 참되지 않다는 말이야. 예컨대 과거 군인들이 국가를 지배한 그런 상황 같은 거 말이지. 그러니까 민주화운동은 그런 옳지 못한 권력에 맞서 싸우고, 당연한 국민의 권리를 되찾는 운동이었다고 할 수 있지."

준호의 삼촌은 마치 웅변가라도 된 것처럼 목에 힘을 주어가며 말했다.

"군인들은 공산당으로부터 나라를 지키는 좋은 사람들이고, 우리나라가 잘살 수 있게 해 주었잖아?"

준호는 삼촌이 이야기를 듣고도 무언가 이해가 되지 않았는지 다시 물었다.

"그래. 네 말대로 군인들은 나라를 지키는 사람들이지. 하지만 그런 군인들이 자신의 힘을 나라를 지키는 데 쓰지 않고, 국민을 지배하려 했기 때문에 문제가 생긴 거야."

준호가 한동안 삼촌을 떠올리고 있을 때 선생님이 준호를 불렀다.

"준호야. 뭘 그렇게 생각하니?"

"아, 아무것도 아니에요."

'할머니가 누군가에게 속아 온 것일까?'
문득 준호는 할머니를 떠올리며 마음이 무거워졌다.

창아가 찾은 선물
'용기'

나와 다른 사람도 함께하는
포용력

　각자 모두 자기가 준비한 생각과 이야기를 발표하고 이제 그 누구보다 이번 문재인 대통령의 당선으로 많은 조사를 하고 깊이 생각을 했던 정우의 차례가 왔다.

　매번 회장 선거에서 떨어진 정우는 인터넷을 통해 문재인 대통령에 대해서 조사도 하고, 아빠에게 궁금한 점을 물어서 다시 확인하였다.

　"아빠. 대통령이 되면 자기 마음대로 하면 되는 거 아니에요? 그런데 왜 자신을 지지하지 않았던 사람도 섬기는 대통령이 되겠다고 하는 거예요?"

정우는 회사가 끝나자마자 집으로 돌아온 아빠가 쉴 여유조차 주지 않고 질문을 했다.

"우리 정우가 정치에 관심이 많구나. 그건 대통령이라면 자신을 지지하지 않았던 사람들도 국민이니까 섬기는 게 당연하다고 할 수 있지."

아빠의 말에 정우는 뭐가 당연한지 이해를 못 하겠다는 듯 되물었다.
"그래요. 아빠의 말처럼 그런 행동이 당연하다면 왜 그 말이 대단한 것처럼 뉴스에서 크게 나오고 그런 건가요?"

"그건 아마도 그동안 우리에게 '상식과 정의'라는 게 통하지 않았던 세상이었기 때문이었을 거야. 국민의 당연한 권리가 당연하지 않은 것처럼 생각됐으니까 말이지."

그간 정우는 왜 어른들이 만나면 정치 이야기를 할까 궁금했었다. 재미없는 이야기를 옆에서 듣고 있자면 왠지 헛된 시간을 보내는 것 같아 마음에 들지 않았던 적이 한두 번이 아니었다. 그런데 이제 정우는 아빠의 말을 조금 이해할 수 있을 것 같았다.

그때 정우에게 아빠가 진지한 표정으로 이야기했다.

"민주주의란 말 그대로 국민이 주인이 되는 세상이지. 그런데 그동안은 특정한 사람들이 특권을 누리는 세상이었단다. 그리고 그것이 우리나라를 더더욱 살기 힘든 나라로 만들고 있었지."

"그럼 이번에 대통령이 되었으니까 그런 못된 짓을 한 사람들과 지지자들을 모두 혼내주면 되겠네요?"

정우의 말에 아빠가 소리 내어 웃으며 말을 했다.
"그래. 네 말대로 나쁜 일을 한 사람들은 벌을 받아 마땅하지. 하지만 그런 사람들을 지지했다고 해서 모두 나쁜 사람들은 아니야. 그 사람들 또한 잘못된 교육이나 언론의 왜곡된 보도 등을 통해서 진실을 잘못 알고 있었기 때문에 그럴 수밖에 없었던 거지. 그런 사람들을 올바르지 못한 생각을 하고 있다고 배척하거나 적대시하면 결국 우리나라를 하나로 통합할 수 없단다. 모두를 포용하고 하나가 되는 것이 그들 스스로 무엇이 더 옳은 것인지 깨닫는 기회가 되는 셈이지."

정우는 아빠의 말씀을 통해서 그동안 왜 줄곧 자신이 회장이 되지 못했는지 깨달았다. 정우는 자신을 뽑아줄 것 같거나 친한 아이들하고만 잘 지냈고, 다른 후보와 친한 아이들이나 뽑아주지 않았을 거라고 생각되는 아이들에게는 잘 대해 주지 않았다. 그래서 학년이 올라가고 새로운 회장 선거를 할 때도 늘 소수의 표만 받는 결

과가 반복되는 것이었다.

'나와 다른 의견을 가진 사람도 존중하고, 나를 지지하지 않았던 사람들도 포용한다.'

정우는 혼잣말처럼 중얼거렸다.

'그래 바로 그거야. 문재인 대통령이 당선된 비결도 결국 그거라고.'

정우는 자기 생각을 적고 또 적고 정리했다. 잠이 드는 순간에도 아빠의 말을 되새기며 눈을 감았다. 그렇게 오늘을 위해 준비한 정우는 마치 대통령이라도 된 것 같은 진지한 표정으로 발표했다.

"문재인 대통령은 당선되고 나서 자신을 지지하지 않았던 국민도 섬기는 대통령이 되겠다고 했습니다. 이런 모습이 있었기에 대통령이 된 것이라고 생각합니다. 문재인 대통령은 지난 대통령 선거에서 박근혜 전 대통령에게 패했습니다. 하지만 문재인 대통령은 자신과 다른 후보였던 박근혜 대통령을 지지했던 사람들을 미워하거나 원망하지 않았습니다. 그리고 그 마음이 진심이었다는 것을 당선이 된 이후에도 우리에게 다시 보여줬습니다. 이런 포용력이야말로 오늘날의 문재인 대통령을 만든 진짜 비결이라고 생각합니다."

"우리 정우가 이번에 무언가 느낀 게 많은 것 같구나."
선생님은 정우의 마음을 알기라도 한 듯 미소를 지으며 말했다.

"옛 말씀에 '태산은 흙과 돌을 마다하지 않기에 높은 것이다.'라는 말이 있어요. 이 말은 큰 인물은 마음이 넓어 모든 것을 받아들이는 포용력을 지니고 있다. 또한, 마음이 넓은 사람은 다른 사람의 의견을 잘 받아들여 큰일을 이룬다는 뜻이에요. 예로부터 태산은 위대한 황제가 하늘과 산천에 제사 지내는 의식을 행하던 곳이었어요. 또한 태산은 높고 큰 산을 말하지요. 태산이 그토록 높고 큰 산이 될 수 있었던 것은 아무리 작은 흙이라도 절대 차별하지 않고 받아들였기 때문이에요. 사람도 이처럼 큰 인물이 되어 커다란 사업을 이루기 위해서는 마음가짐을 넓게 하고, 남의 의견을 잘 들어줄 수 있는 포용력이 있어야 한다는 얘기죠."

"태산이 높다 하되 하늘 아래 뫼이로다."
선생님의 말씀이 끝나자마자 창아가 또 나섰다.

"아. 그래. 창아야. 그것도 좋은 말이지. '뫼'는 '산'이니까, '큰 산이 아무리 높아도 결국 하늘 아래 있는 산이기 때문에 사람이 노력하면 충분히 오를 수 있다는 뜻이지. 우리 창아도 이 말처럼 노력하고 또 포용력 있는 사람이 되었으면 좋겠구나."
선생님은 창아에게 말하며 살짝 웃어 보였다.

"그래. 창아야. 이제 준호랑도 그만 싸우고."

지이가 평소 준호와 말다툼으로 교실을 시끄럽게 만들던 창아를 바라보며 말했다.

대통령선거가 있기 전에 창아와 준호는 반에서 가장 친한 단짝이었다. 그런데 언제부턴가 둘이 만나면 서로 자신의 말이 옳다고 싸우는 사이가 되어 버린 것이다.

"야. 싸우긴 누가 싸워. 내가 포용력이 얼마나 센데."
창아가 말을 하며 손을 들어 알통을 표시했다.

"야. 포용력이 무슨, 힘이 센 게 포용력이냐?"
지이가 창아에게 말하자 교실 안은 다시 웃음을 찾았다.

정우가 찾은 선물
'포용력'

모두 하나가 된 날

5월 18일. 달력에 광주 민주화 운동이라고 표기된 날이다. 그리고 이날은 정우의 생일이기도 하다. 정우의 아버지는 만약 정우가 여자로 태어났더라면 이름을 '민주'라고 지었을 거라고 한다.

정우는 아버지를 통해 과거의 광주에서 민주화 운동이 있던 날의 이야기를 들었다. 군사정부가 죄 없는 시민들을 무차별 학살한 날이었다고 한다.

'죄 없는 사람들은 얼마나 억울했을까?'

어린 정우이지만, 왠지 그날 광주의 아픔을 어느 정도 알 수 있을 것 같았다.

정우는 이날 생일파티에 쓸 초대장을 일주일 전부터 만들었다. 작년보다 초대할 사람이 더 많았기 때문이다.

작년 같았으면 자신과 반대의 의견을 가진 준호와 아이들로부터 놀림을 받는 재욱이를 초대하지 않았을 것이다. 하지만 지금의 정우는 그랬던 과거의 자신을 반성하고 있다.

정우의 생일파티에는 거의 모든 아이들이 참석했다.
"저…… 정우야. 생일 축하한다."

"고맙다. 재욱아. 그런데 너 말을 더듬는 게 많이 나아진 것 같다."

"으응. 나…… 나도 그런 것 같아. 왠지 친구들이 내 말을 끝까지 들어주니까 마음도 더 편해진 것 같고."

"나도 생일 축하해. 정우야."

"그래. 고마워. 준호야."

"준호, 너 전에 문재인 대통령 지지하는 사람들은 빨갱이라며?"
창아의 얘기를 들은 준호의 얼굴이 빨개졌다.

"아니. 빨갛다고 나쁘다고 한 건 아니야. 산타클로스 할아버지의

옷도, 루돌프 사슴의 코도 빨간 색이잖아."
당황한 준호가 급히 둘러댔다.

"자식. 갖다 붙이기도 잘 붙이네."
창아가 웃으며 말했다.

"야. 정우야. 네가 준호를 초대했어?"
창아가 정우에게 물었다.

"어. 당연하지. 준호도 같은 우리 반 친구잖아."
정우가 대답했다.

"현서야. 너도 왔네."

현서를 비롯해 그동안 자주 어울리지 않았던 친구들도 모두 정우의 생일파티에 참석했다. 정우가 한 명 한 명 아이들을 찾아가 진심 어린 초대를 했기 때문이다.

"현서야. 잘 왔어."
정우는 현서를 반갑게 맞았다.

'정우가 참 마음이 넓구나.'

지이는 자신도 모르게 정우를 쳐다보며 입가에 미소를 지었다.

정우는 지이의 미소에 날아갈 듯 기분이 좋아졌다. 이번 회장 선거에서 지이에게 회장 자리를 빼앗기긴 했지만 사실 정우는 지이를 좋아하고 있었다.

"와! 정우 봐라. 뭐가 좋아서 실실 웃고 있냐? 오늘 무슨 대통령이라도 된 것 같은 표정이네."
창아가 정우를 보고 장난스럽게 말했다.

"다 그만 얘기하고 오늘은 마음껏 먹어라."
정우는 창아에게 자신의 마음을 들킨 것 같아 서둘러 말했다.

"와! 먹자."

한참 생일파티의 분위가 무르익었을 때, 이번엔 동규가 다시 진지하게 이야기를 꺼냈다.
"근데, 북한은 정말 우리의 적일까?"

"야. 그럼 당연하지. 북한이 우리한테 미사일도 쏘고 또 핵무기도 개발하고 있다고."
창아는 과자를 입에 물고 있어 목이 막혔지만 있는 힘을 다해 말했다.

"그런데 난 북한이 영원히 우리에게 적이 되는 건 너무 슬픈 현실이라는 생각이 들어. 우리는 북한과 같은 민족이고 언젠가는 통일을 이루어야 한다고 배웠잖아."

지이의 말에 아이들은 순간 조용해졌다.

"지금은 북한이 적이지만 우리가 노력해서 민주적으로 통일을 이룬다면, 그땐 북한이 우리와 하나가 될 수 있을 거야. 아마도 적은 북한 모두가 아니라 공산화된 북한 정부가 아닐까?"
지이가 혼란스러워하는 아이들을 쳐다보며 말했다,

"지이의 말이 맞는 것 같아."
정우가 가장 먼저 지이의 의견에 동의했다.

"오! 인제 보니 오늘 정우랑 지이랑 계속 뭔가 이상한데?"
창아가 짓궂게 웃으며 말했다.

"그만해라. 이제 먹을 만큼 다 먹었다 이거냐?"
정우가 창아에게 이제 그만하라는 듯 큰 소리로 말했다.
"하하하. 차…… 창아 배…… 배 좀 봐라. 터지겠다."

재욱이가 볼록 나온 창아의 배를 가리키며 말했다.

"하하하."
아이들은 모두 함께 웃음을 터트렸다.

생일파티가 끝나고 친구들이 돌아가고 난 후 정우는 5·18 기념식을 동영상을 통해 보았다.

5·18 기념식 행사에 참여하는 모든 이들은 모두 하나가 된 것처럼 함께 노래하고 또 함께 슬퍼했다. 그리고 문재인 대통령을 지지하지 않고 다른 대선후보를 지지했던 유명한 가수도 나와 노래를 불렀다. 이 역시 자신을 지지하지 않은 사람도 같이 한다는 문재인 대통령의 정신이 나오는 대목이었다.

문재인 대통령은 1980년 5월 18일에 무고한 자신의 아버지를 잃은 딸이 눈물을 흘리며 추모사를 읽는 동안 함께 눈물을 흘리며 슬픔을 같이했다. 그리고 문재인 대통령은 함께 슬퍼하는 것만으로도 부족하다고 느꼈는지 자리에서 일어나 추모사를 읽고 내려오는 딸을 따듯하게 안아 주며 말했다.

"울지 마세요. 기념식 끝나고 아버지 묘소에 참배하러 같이 갑시다."
행사를 마친 문재인 대통령은 자신이 말한 대로 고인의 묘소를 찾아 유족과 함께 참배했다.

 진심으로 유가족을 위로하는 문재인 대통령의 모습은 감동적이었다. 그 광경은 5·18은 겪지 않은 정우에게도 가슴속에 무언가 울컥함을 느끼게 했다.

이날 문재인 대통령의 진심어린 모습에 감동한 국민들은 좋은 대통령이 나왔다며 기뻐했다.

그리고 2017년 5월 18일은 그동안 서로 싸우고 갈등했던 나루초등학교 5학년 4반 어린이들도 모두 하나가 된 좋은 날이 되었다.